Vive le Président

DE

LA RÉPUBLIQUE !

Car si........?

TOAST PORTÉ A UN BANQUET D'AMIS DE L'ORDRE

PAR

PIERRE LEFRANC

Membre de l'Assemblée constituante et de la Législative.

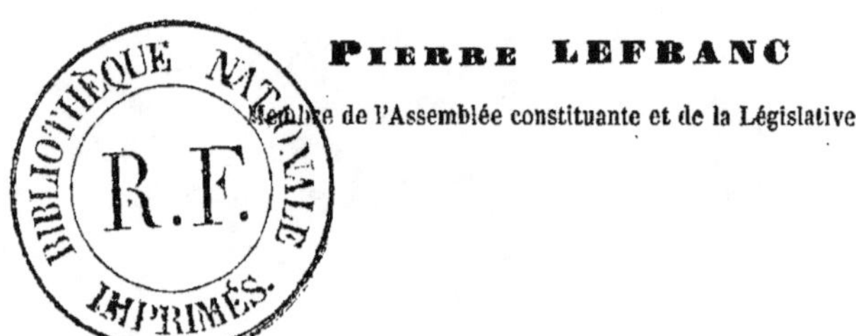

PRIX : 40 CENTIMES.

PARIS,

MASGANA, ÉDITEUR, 12, GALERIE DE L'ODÉON

ET CHEZ LES PRINCIPAUX LIBRAIRES.

1849

VIVE LE PRÉSIDENT

DE

LA RÉPUBLIQUE !

Car si...........?

-------------◦⊰⊱◦-------------

Car si. . . . . *?* Voilà un beau champ ouvert à l'imagination de mes lecteurs. Pour un philosophe, retranché, comme Montaigne, dans une contemplation sceptique et railleuse des choses de ce monde, il serait curieux de noter et de comparer les prévisions de toute nature qui peuvent remplir mes points. Mais, depuis deux ans, je ne suis plus un simple observateur des événements, *quorum pars minima fui*, dirai-je en modifiant certaine épigraphe tant soit peu vaniteuse. D'ailleurs, j'ai posé la question ; j'y dois répondre.

J'assistais hier à un banquet d'amis de l'ordre, donné n'importe où, à n'importe qui. Banquet à la glace : on eût dit une séance solennelle de l'Académie. Au dessert, cependant, le vin déliant les langues et les cœurs, la diplomatie s'endormit au fond des bouteilles. Les gestes s'animèrent, les épigrammes se croisèrent en l'air, et Fontenelle n'était pas là pour répéter son joli mot : Messieurs, si nous ne parlions que quatre à la fois !

— Nous l'aurons ! — Vous ne l'aurez pas ! — C'est le vieux droit de la France ! — Si vieux qu'il en est usé. — On le rajeunira. — Oui, dans un bain de sang, comme en 1815 ! — Que parlez-vous de sang, bonnet rouge? — Talon rouge! — Hors de la légitimité, point de salut! — Quelle légitimité? crie une vieille moustache. La gloire est le blason de la France; rien de plus légitime que la gloire! — Mon aïeul était à Fontenoy. — Mon père à Austerlitz. — Mon fils à Mogador. — Après tout, on ne vit pas de gloire : la France ne saurait être un bivouac en permanence. — Ni une sacristie. — Ni une boutique. — Vous n'avez plus qu'une poignée de sabre. — Vous, une crosse vermoulue. — Vous, une balance à faux poids. — Vous avez abaissé la France. — Vous l'avez dégradée. — Démoralisée. — Corrompue. — Ruinée. — Vous l'ensevelirez dans un capuchon. — Mais l'ordre avant tout, l'ordre..... l'ordre!..... l'ordre!..... la modération!..... Les honnêtes gens!.....

Je vis le moment où un coup de poing honnête et modéré allait rétablir l'ordre dans la bagarre. Je me croyais dans l'hôtellerie où Sancho, le barbier, don Louis, Fernand, Cardenio et la sainte Hermandad, tous gens d'ordre, se gourmaient d'importance, à propos d'un plat à barbe dont chaque parti revendiquait la possession, en vertu de la légitimité et du vieux droit, aussi sacrés, du reste, pour un bassin de cuivre que pour une couronne d'or. Désintéressé dans le débat, j'invoquais, au nom de l'ordre et des convenances, l'intervention du sage Sobrin.

Le sage Sobrin apparut sous les traits du vieillard usé, rasé, blasé, dont Beaumarchais nous a laissé le portrait : espèce de Bartholo politique, docteur de toutes les facultés, ministre de tous les gouvernements, s'accommodant de tous les régimes, tuant tous ses malades et se portant à merveille. Je reconnus mon vieillard : il était compétent pour trancher la question, car il avait servi tour à tour la France du bivouac, la France de la sacristie et la France du comptoir ; porté les hottes à son maître en 1812, un cierge en 1815, et une demi-aune après 1830. Certaines mains ont l'horreur du vide ! Mon vieux ministre prit donc son verre et porta la santé... du Président de la République.

Puis : — Faites-vous *chorus* avec moi? me dit-il.

— Moi? pourquoi pas?

— De bon cœur?

— Certainement. Pair de France en 1840, vous avez fourré Louis Bonaparte au château de Ham ; vous lui souhaitez longue vie aujourd'hui : l'exemple me gagne. Et d'ailleurs... ceci est un souvenir.

J'ai pour collègue et pour ami M. Gambon. Mon ami Gambon est jeune, intelligent et brave ; brave surtout, je le sais pour l'avoir vu, un dimanche 27 juin, à huit heures du soir, sur la place de la Bastille, parlementer avec l'insurrection sous un feu croisé des plus vifs, tandis qu'à deux pas de lui tombait si fatalement l'archevêque de Paris. Mon ami Gambon est sans peur, mais non sans reproche. Pourquoi, en 1847, refusait-il publiquement, lui membre de la magistrature, une santé au roi Louis-Philippe, qui l'avait institué? Inconséquence de jeune homme! Son généreux compatriote, M. Dupin, le lui prouva bien, en appelant sur lui les foudres de la cour de cassation. Je suis bien sûr que, si le diable arrivait au pouvoir, M. Dupin porterait la santé du diable, sans oublier un petit compliment pour ses cornes. Et c'est logique. Ne faut-il pas, sous tous les régimes, respecter le principe d'autorité, et, quel qu'en soit le dépositaire, le flatter même un peu?

Vive donc (je le dis bien haut et bien franchement), vive le Président de la République! . . . .

— Bravo! s'écria mon vieillard. Jeune homme, vous ferez votre chemin. Vous avez voté contre la présidence et même contre la Constitution, écrit, voté et fait voter contre Louis Bonaparte, contre tous ses ministères, contre l'expédition de Rome, et pour la mise en accusation; mais voici de quoi tout racheter. Messieurs, les prosélytes nous arrivent, et je vous présente...

— Mille pardons de vous interrompre. Je vois ici les proscripteurs et les proscrits de 1815, les flétrisseurs et les flétris de 1844, émigrés et révolutionnaires, jacobins et feuillants, jésuites et mangeurs de jésuites, Capulets et Montaigus, Rose blanche et Rose rouge. Il n'y en a pas un parmi vous qui n'ait persécuté, traqué, calomnié, vilipendé son voisin et demandé sa tête. Et quand tout cela s'unit dans un baiser de paix à faire tressaillir l'ombre de ce bon M. Lamourette, lorsque j'assiste, l'œil humide, au spectacle touchant de cette réconciliation, à quel propos irais-je, moi qui n'ai jamais persécuté, traqué, calomnié ni vilipendé personne, moi qui, hier encore, liquidais, le verre en main, avec mon ancien procureur du roi, aujourd'hui préfet, un vieux compte d'amendes et de prison; pourquoi, dis-je, me montrerais-je plus difficile? Je ne suis pas un trouble-fête, j'aime la paix et l'union. Mais je n'avais pas fini mon toast; il y manquait deux petites, toutes petites syllabes. Avec votre permission, je le reprendrai.

Vive le Président de la République! — Car si. . . . . ?

— Eh, eh! vos deux petites syllabes en contiennent plus que de bien grosses. Quelles étranges et sinistres prévisions cachez-vous sous ces deux mots : *Car si?* Est-ce à vous de craindre? L'éventualité que vous osez prévoir, qui donc doit la redouter, de nous autres, amis de l'ordre et partisans de la stabilité, ou de votre parti, qui place tout son espoir dans le jeu des révolutions, des bouleversements et de l'imprévu?

— Monsieur, veuillez m'écouter, et laissons là pour un moment, je vous prie, les partis avec leurs lunettes blanches, rouges ou bleues. La franchise de langage a ses heures; je viens de m'en apercevoir. Qu'il me soit permis d'en user à mon tour.

Vous avez concouru tous à l'élection de Louis Bonaparte. Vous êtes ses amis, ses conseils, ses appuis. Vous fréquentez qui les salons, qui les antichambres de l'Elysée. Vous aimez peut-être (qui sait?), oui, vous aimez votre hôte, autant du moins qu'on puisse aimer dans le monde politique. De mon côté, il est bien vrai, j'ai suivi une marche toute contraire. Votre homme, je n'en attends rien de bien merveilleux. Sa politique, je la déplore; ses tendances, je les combats; ses faiblesses, je les crains. Eh bien, malgré l'abîme qui nous sépare, j'affirme que personne ici ne forme de vœu plus sincère que le mien pour les jours du Président de la République.

Pourquoi?

Parce que, si j'aime beaucoup la République, il y a quelque chose que j'aime beaucoup mieux encore, et c'est ma patrie.

Oh! je n'en suis pas à croire, Dieu merci! que les destinées de la France soient enchaînées à celles d'un homme quelconque, si brillant que soit son nom, et quelque mérite qu'il ait d'ailleurs. De plus grands hommes ont laissé de plus grands vides, et les vides ont été comblés. La France tient plutôt de la matrone d'Ephèse que de la veuve du Malabar. Les hommes passent, les principes restent, et le triomphe du principe républicain dans l'avenir me paraît plus assuré en France que le despotisme à Saint-Pétersbourg. Il y a dix-huit mois, un grand citoyen, révéré de tous les partis, un de ces penseurs qui voient de haut et de loin, me disait avec un rare sang-froid : « Je suis bien « vieux; mais, à la tournure que prennent les choses, je ne serais nul- « lement surpris de voir passer encore un Bonaparte, un Bourbon, « voire même un Orléans : ce qui ne m'empêchera pas, pour peu que « Dieu me prête vie, de mourir en République. » La perspective d'un avenir lointain consolait ainsi mon vieil ami des misères de l'avenir prochain; mais une vue longue est un privilége de l'âge. Moi, je vis un peu comme tout le monde, au jour le jour; or, à la manière dont on entend l'ordre par ici, y a-t-il faiblesse de ma part à prévoir un avenir qui peut s'appeler DEMAIN?

Mon Dieu! M. le Président de la République est jeune, robuste, sobre, rangé; son horoscope lui promet une existence de Mathusalem. On le dit, je le crois, je l'en félicite, et je m'en réjouis. D'autre part, j'éloigne de ma pensée les tentatives criminelles; il me répugne de prévoir les forfaits. J'ai bien lu, à la vérité, dans un pamphlet signé d'un beau nom, ma foi, j'ai lu, dis-je, que les républicains envoyaient des assassins rôder la nuit autour de l'Elysée. Dernièrement encore, la sainte et pieuse *Quotidienne* découvrait une machine démocratique et sociale destinée à faire sauter le wagon du Président sur la route de Sens. Sans être méchant, je pourrais adresser à M. le vicomte de C..., ancien élève de Fribourg, un exemplaire de la lettre imprudente du 18 août, en inscrivant en marge les noms d'Henri IV et de Ganganelli. Et quant à l'innocente et blanche feuille royaliste, je lui demanderais si le modèle de la fameuse machine n'aurait pas été fabriqué, par hasard, il y a cinquante ans, près de la rue Saint-Nicaise. Mais lutte qui voudra sur ce terrain pétri de sang et de fange ! Noble ou roturier, je n'y mets pas le pied. D'ailleurs, la *Quotidienne*, aidée de la *Gazette*, serait capable de me prouver, par saint Augustin, que Ravaillac, Carbon et Saint-Réjant étaient des républicains rouges. Quoi qu'il en soit (et mon hypothèse n'a rien de malveillant, je vous jure), nous sommes tous mortels : Bossuet l'a dit. Si donc. . . . . Qu'arriverait-il ?

— Ce qu'il arriverait ? me répond avec une confiance toute paternelle l'un des trente-six pères de la Constitution, M. Dupin. Ce qu'il arriverait ! mais, rien que de bien simple : Le vice-président ferait l'intérim. On irait aux élections. Ce serait l'affaire d'un mois. Un président nouveau naîtrait du suffrage universel ; ou, si le minimum de deux millions de voix requis par l'article 47 de la Constitution n'était acquis à personne, le choix du président reviendrait à l'Assemblée. Puis tout marcherait comme par le passé. Et voilà !

— Oui, me voilà bien rassuré ! et vous ?

Oui, j'estime, en effet, que la Constitution, si débile que la croient certaines gens, résisterait à toutes les secousses. Un cri dominerait tous les autres : Vive la Constitution ! car ce serait notre arche de salut dans le déluge. Aussi, avant de poursuivre, demandé-je la permission de m'extasier devant les combinaisons supérieures qui ont enfanté cet être bicéphale, baptisé le 12 novembre sous le nom de Constitution républicaine de 1848. Ils étaient trente-six pour ce chef-d'œuvre, savoir : Cinq ou six républicains, le surplus royalistes, et, qui pis est, avocats. O France ! on plaide beaucoup chez toi, et cependant les contrats sont rédigés par des notaires intelligents et probes qui n'ont aucun intérêt à semer de la graine de procès. Que serait-ce donc si les avocats s'en mêlaient ! Le beau semis, et partant la belle récolte de plaidoiries, d'interlocutoires et de référés ! Et tu t'en vas, ô peuple spirituel entre tous, confier aux fils bavards et criards des Harpies la confection du contrat national ! Mais c'est vouloir un procès par semaine sur l'interprétation des textes, sans compter le grand procès que peut engendrer d'un jour à l'autre la succession du pouvoir exécutif. Une succession à liquider! Mais c'est une aubaine, une pleine eau pour nos Dufaure et nos Dupin. Aussi, plus j'y réfléchis, plus je suis convaincu que c'est pour eux-mêmes et non pour la France qu'ils ont rédigé la Constitution.

Une succession! Vous le voyez, je ne puis chasser la mouche qui m'obsède, et me voilà fatalement, malgré moi, ramené à cette question, très-grave, de la transmission du pouvoir. C'est un peu tard, dira-t-on. J'en conviens; mais, quand on se trouve lancé en pleine forêt, par une nuit obscure, il n'est jamais trop tard d'allumer un falot.

Deux mots de théorie d'abord, je serai bref. Mon but n'est pas d'exposer avec tous ses développements telle ou telle doctrine politique.

Je ne connais que deux sortes de gouvernements vrais et durables : ou monarchie pure et simple, ou république pure et simple; — souveraineté d'un seul, ou souveraineté de tous. Le reste n'est que mensonge. Louis XIV disait : *L'Etat, c'est moi!* Le peuple dit à son tour : *L'Etat, c'est moi!* Unité, vérité des deux parts. Le grand peuple a remplacé le grand roi.

Si le bon sens et l'expérience avaient besoin d'apostille, j'accumulerais ici les citations. Qu'il me suffise de transcrire ce passage de M. de Lamartine :

« Les divisions prétendues du pouvoir sont toujours des fictions. Le pouvoir n'est jamais divisé réellement; il est toujours ici ou là, en réalité et tout entier; il n'est pas divisible... S'il y a une chambre et un roi, il est au roi ou à la chambre : au roi, s'il subjugue l'assemblée par la force ou s'il l'achète par la corruption; à la chambre, si elle agite l'esprit public et intimide la cour et l'armée par l'influence de la parole et la supériorité de l'opinion. Ceux qui ne voient pas cela, se payent de mots vides. Dans cette soi-disant balance du pouvoir, il y a toujours un poids qui l'emporte : l'équilibre est une chimère, etc. »

(*Histoire des Girondins*, tome Ier.)

Est-ce clair? A la vérité, cela s'écrivait sous la monarchie, alors que, malgré la prédiction de lady Stanhope, la présidence de la République française flottait encore dans les brouillards du Liban. Depuis... mais on était devenu candidat. Je n'insiste pas : l'Ecriture sainte nous ordonne de jeter un manteau sur nos prêtres surpris en flagrant péché. En résumé, tous ces grands mots de monarchie constitutionnelle, d'équilibre et de pondération des pouvoirs, ne sont que piperies à l'usage des habiles, et pâture pour les niais. Un roi qui tire à dia ; des chambres qui tirent à hurhaut ; un roi qui pond des pairs ; des ministres qui tiennent boutique de manteaux brodés, tandis que les élections deviennent une foire aux consciences ; des tiraillements perpétuels entre les prérogatives royales et parlementaires ; une politique en partie double, disant blanc dans les notes secrètes, et noir à la tribune ; le mensonge partout enfin : ce n'est pas autre chose que l'anarchie et la corruption organisées. L'équilibre ne se maintient quinze ou dix-huit années durant que par des tours de force à humilier un Auriol. Suivez le jeu de la bascule constitutionnelle, c'est de l'histoire. Si la chambre tient bon de son bout, et que le peuple y ajoute l'appoint de quelques pavés, le roi, soulevé, glisse et tombe à Cherbourg : si, au contraire, le roi, mieux avisé, achète et fait passer de son côté la majorité de la chambre, afin de rétablir l'équilibre à son profit ; le peuple, qui voit la manœuvre, siffle, gronde, s'indigne, intervient, et du bout de son pied renverse, culbute à la fois monarque, chambres et bascule. C'est la catastrophe constitutionnelle du 24 février.

Grands équilibristes, grands enfants, vos chartes de 1814 et de 1830 n'ont jamais été plus solides qu'une pile de dominos sur champ.

Et ne m'objectez pas l'exemple de l'Angleterre ! Sous le nom de monarchie constitutionnelle, rien ne ressemble moins à une monarchie que le gouvernement de la Grande-Bretagne. Qui gouverne là-bas ? Est-ce donc cette bonne femme, très-honorable d'ailleurs, dont la seule fonction consiste à réciter tous les ans, comme un rosaire, un discours écrit par des ministres, et dont elle ne peut changer seulement une virgule ? Je me trompe ; elle a un autre emploi : c'est de perpétuer, selon les lois de la nature, le symbole menteur d'une fonction qui n'existe pas. Vous avez beau dorer votre madone et l'encenser dans sa niche ; à la dorure près, je n'y vois, moi, que la sainte Reine en bois peint de mon église. Sainte Reine trône dans sa châsse ; mais le chapitre gouverne. En est-il autrement de sainte Victoria et du chapitre des lords ?

Restent donc seules à consulter une monarchie réelle ou une république. Voyons comment, dans les deux cas, se perpétue le pouvoir exécutif.

Dans une monarchie héréditaire, rien n'est plus simple. La transmission s'opère sans secousses et si naturellement, que personne ne s'en alarme trop à l'avance. Mort le roi, vive le roi! Tout est dit.

L'héritier présomptif, s'il a eu le temps et l'occasion de se produire, aura pu manifester des intentions peu conformes à celles du monarque régnant. En France, par exemple, en France, où l'esprit d'opposition vit dans le sang et dans le sol, le monarque en herbe aura cherché, dans une opposition anodine et très-réservée, un vernis de popularité. Mais qu'importe? Les traditions de famille l'emporteront plus tard sur les fantaisies de jeunesse. Là-dessus chacun sait à quoi s'en tenir. Le père est compère. Il sourit de telle promesse de réformes que son fils ne tiendra pas mieux qu'il n'a lui-même tenu les siennes. Et, tout en lui tirant doucement les oreilles, il n'est pas fâché de le voir battre les cartes et se donner un beau jeu d'entrée. Un jour les cloches sonneront tout à la fois la mort et la naissance, les adieux et la bienvenue ; les corps constitués se prosterneront ; la cassolette fumera ; M. Dupin ne trouvera rien de comparable à l'illustre père, si ce n'est l'illustre fils. Mais le dernier lampion ne sera pas éteint que déjà le roi promu aura mis au grenier sa défroque de jeunesse pour endosser l'habit de monsieur son père. Si, enfin, quelque joyeux compagnon de la veille, frondeur du lendemain, s'avise d'avoir la mémoire trop fraîche et la langue trop longue, on le met à la porte, à titre d'honnête imbécile, et le tour est joué.

L'héritier est-il mineur? le cas est prévu. Une régence aura été instituée. Intrigues et cabales tendront bien leurs filets autour d'un berceau ; mais l'empire n'en sera pas moins gouverné, et le peuple fouetté au nom d'un marmot, fouetté lui-même par sa gouvernante ; ce qui, pour le dire en passant, ne laisse pas que d'être très-flatteur pour l'esprit humain.

Voilà, sauf les scènes de la Tour de Londres et du palais des czars, les Saint-Barthélemy, les troubles de la Fronde, les scandales de la Régence, quatre ou cinq douzaines de petits assassinats de famille et autres menus faits, la stabilité que promettent aux nations les monarchies héréditaires. Il m'en coûte peu de reconnaître que cette stabilité, digne d'envie, repose sur un principe fort respectable en lui-même, le principe même de la propriété. Pour peu, en effet, que les peuples soient considérés comme une *chose*, comme une espèce de bétail humain, transmissible en toute propriété, bêtes et laine, de génération en génération, la théorie sera parfaite ; et, à ce point de vue, je ne connais pas de prétendant plus légitime, en France, que les enfants de Charlemagne, si ce n'est les descendants de Brennus.

Malheureusement, la théorie est contestable et contestée. Tondu de trop près et mal gardé du loup, le troupeau se révolte, le mouton se fait lion,

> ..... Et va jusqu'à manger
> Le berger.

Les dynasties tombent les unes sur les autres, il ne reste plus rien en France, ni roi, ni députés, ni pairs, pas l'ombre d'un pouvoir, pas même un œuf royal à couver; il ne reste... qu'un peuple debout, confiant dans sa force et pénétré de sa maxime: *L'Etat, c'est moi!*

On se demande comment s'est établie la République! Mais elle ne s'est pas établie du tout, elle existait déjà. Elle existait, comme le quillier sous les quilles, pour se révéler, toute prête, le jour où devait tomber la dernière quille monarchique.

Non, la République n'est pas une création de Février. On crée un roi, on ne crée pas une république. En Février, je vois bien une suppression, mais de création, pas la moindre.

Nous en étions là au 7 octobre 1848. La souveraineté du peuple se proclamant elle-même, nous n'avions pas de pouvoir à instituer mais tout simplement une forme de gouvernement à régler sur ces deux principes :

SUFFRAGE UNIVERSEL.

UNITÉ DU POUVOIR.

A cette époque, les hommes logiques et désintéressés se disaient :

La souveraineté est de sa nature une et indivisible comme la volonté. Deux souverains dans un Etat ne se conçoivent pas plus que deux Dieux dans le ciel, pas plus que deux infinis dans l'espace ou dans le temps.

Un peuple ne pouvant se gouverner lui-même que par délégation, la souveraineté du peuple passera tout entière (tout entière, entendez-vous bien?) dans une assemblée unique, élue par tous et pour un temps déterminé. Les lois seront faites par l'assemblée. L'exécution en sera confiée à une commission, responsable et révocable, mais toujours soumise, toujours subordonnée, comme le bras au cerveau. Que la commission se compose de cinq, de trois ou d'un seul, peu importe, j'avouerai-même ma prédilection pour un commissaire unique, pourvu qu'il ne soit jamais qu'un délégué au second degré, du suffrage universel.

— Et la stabilité? — Mais elle repose sur la perpétuité du peuple lui-même, plus certaine, ce me semble, que celle des races les mieux pourvues de Cobourg.

— Mais si l'esprit des assemblées varie d'une législature à l'autre?
— C'est qu'alors l'opinion publique aura varié. Ce qui vous apparaît comme un danger n'est au contraire qu'une garantie de plus. Un ressort qui se prête, sans s'affaiblir, à toute la mobilité inhérente au progrès des idées, que voulez-vous de mieux? Prétendriez-vous par hasard qu'un gouvernement quelconque, monarchique ou républicain, peut mépriser, sans danger, les variations de l'opinion publique?

— Mais vous voulez donc des assemblées permanentes? — Non certes! Ce serait à mourir d'ennui. Mais qui empêche qu'une assemblée se réunisse trois ou quatre mois par an, règle les comptes de l'exercice écoulé, vote le menu de l'année suivante, rapetasse par-ci par-là quelque bout de loi, car on ne fait pas tous les ans des constitutions, et remette les rênes du gouvernement à une commission en lui disant : Au revoir! L'an prochain, si je suis contente de vous, je confirmerai vos pouvoirs ; sinon, non.

Tels étaient, en substance, les principaux motifs de l'opinion qui n'obtint que 168 voix à l'Assemblée constituante. Devons-vous déplorer amèrement cet échec? Non : c'était trop tôt peut-être. On y reviendra. Si la vérité ne devait pas avoir son jour, elle ne serait pas la vérité.

Mais le système parut trop simple à nos équilibristes, et les voilà de rêver de nouveau pondération des pouvoirs. Puis les avocats s'en mêlèrent, puis les ambitieux intriguèrent, puis enfin les prétendants affluèrent. Il fallut une présidence, et, les fautes engendrant les fautes, le choix du président fut déféré au suffrage universel.

Le 7 octobre fut *la journée des Dupins.*

O Dupins! je vous comprends : la présidence est dans votre pensée une quille monarchique à moitié redressée. Et moi, je vous dis, moi, que c'est le dernier tronçon de la dernière quille, et que le sol est trop mouvant pour la supporter longtemps. La royauté, voyez-vous, c'est un de ces arbres qui, déracinés violemment la veille, se redressent le lendemain, mais qui, limés lentement par les révolutions et par le temps, finissent par s'user et disparaître sans laisser de traces. Il y a dans le progrès des étapes obligées. L'institution de la présidence est la dernière étape. Je vous dirai plus : je la souhaite assez longue pour que l'expérience soit complète. Et voilà pourquoi je dis sincèrement, du meilleur de mon cœur : Vive le Président de la République !

Une année s'est écoulée depuis le 7 octobre ; mais ma pensée ne s'est pas encore détachée de ce jour fatal. Je vois encore M. de Lamartine, candidat présomptueux, lancer son *alea jacta est*, et jouer, sur un coup de dé, la fortune de la France. Je vois M. Cavaignac, autre prétendant, repousser, par un excès de généreuse susceptibilité, le système qui attribuait à l'Assemblée le choix du président. J'entends la masse des niais applaudir. On compte les bulletins. Les républicains clairvoyants frémissent à la pensée des malheurs qu'un tel scrutin peut appeler sur la France. Mais nos ennemis l'emportent : la joie rayonne sur leurs figures. Ils ont un président aujourd'hui ; ils auront un roi demain. Le troupeau a retrouvé son maître. Le suffrage universel se détruit par lui-même en se divisant, et la République suivra le sort du suffrage universel.

Peuple, peuple, où est maintenant ta souveraineté? Quelle en est l'expression vivante? Est-ce l'Assemblée? Est-ce le président? — Tous les deux, dit-on. — Deux pouvoirs égaux! Qu'est-ce à dire? Et s'ils ne s'accordent pas, et si les rapports deviennent difficiles, et si la rupture éclate, qui sera juge? — Le peuple! — Quel peuple? de Paris ou de la province? de Lyon ou de Bordeaux? de l'Alsace républicaine ou de la Vendée royaliste? En tous cas, n'est-ce pas la guerre civile? Et n'est-il pas déplorable que, sous l'empire du suffrage universel, le suffrage des pavés n'ait pas donné sa démission? Oh! je connais mes devoirs de citoyen; je critique, mais j'obéis. Tant que la Constitution subsistera, je l'observerai religieusement; mais rien au monde ne m'empêchera de dire que votre Constitution sent la poudre et l'odeur du sac à procès. O avocats!

— Mais la Haute Cour n'est-elle pas là pour juger les conflits? — La Haute Cour! ah! oui, parlons-en. Le Président a forfait à son mandat; il usurpe, il trahit. L'Assemblée, à l'unanimité, le décrète d'accusation. Il ne reste plus qu'à attacher le grelot : simple affaire d'exécution. Le Président vous attend au milieu de cinq cent mille hommes. Allons! courage! Prenez-moi deux huissiers et deux gendarmes; puis arrêtez-moi ce coupable. Oui, allez-y!!!

Convenez-en, vous n'avez jamais songé à doter la France d'une constitution républicaine. La vôtre, vous en avez pris mesure à la taille d'un homme, et non à la taille d'un peuple. Sous le nom de présidence de la République, titre qui ne répond à rien et ne rime à rien, que voyons-nous? Une monarchie constitutionnelle, *élective et temporaire;* la pire des choses; une monarchie qui, chaque jour, *per fas et nefas*, étend ses attributions, ruse avec une assemblée constituante, pèse sur une assemblée législative, reprend les allures du passé, déclare une guerre, engage nos finances sans autorisation, accumule enfin sur sa tête une somme de pouvoirs de plus en plus considérables, *qu'elle ne peut transmettre à personne!* Si vous connaissez quelque chose de plus absurde, dites-le-moi. La Pologne était mieux constituée en 1772 lorsqu'elle devint la proie de l'étranger!

Vous cherchez un président, et vous le demandez au suffrage universel! Oh! alors ne cherchez plus, j'ai votre affaire.

Si vous me demandiez des conseillers municipaux, des conseillers généraux, des conseillers d'Etat, des représentants du peuple, je vous en fournirais à foison, et en tous genres. Il n'y a qu'à se baisser pour en prendre. Que désirez-vous? Que le génie universel de la France soit représenté dans cette magnifique et étonnante variété qui fait notre puissance et notre gloire? Sciences des lois et du droit, histoire et philosophie, belles-lettres et beaux-arts, poésie et finances, guerre et marine, industrie et commerce, vous aurez de tout, car les choix seront variés et intelligents. La patrie vous donnera la fleur de ses enfants, les illustrations se compteront par douzaines. A l'Europe qui l'observe avec une secrète envie, dans les tribunes, la France est fière d'offrir des hommes d'Etat comme M. Thiers, des poëtes comme Victor Hugo, des historiens comme Louis Blanc, des savants comme Arago, des orateurs comme Ledru-Rollin, et des magistrats comme M. Dupin. Des sommités que je viens de nommer, il y en a trois ou quatre qui n'auraient pas mon suffrage; mais je n'aurais pas le courage de les combattre, et moins encore la sottise de les proscrire. Je l'ai dit : l'Europe écoute aux portes, et l'Europe rit bien d'un pays qui se décapite stupidement de ses plus belles illustrations.

Mais c'est un homme qu'il vous faut! un homme qui résume et concentre en lui seul la gloire et le génie de la France! Je n'en connais point. L'étoffe de vingt célébrités n'y suffirait pas. Qu'aurez-vous donc? Un souvenir, une légende, un nom, un nom d'épée surtout, car rien ne brille en France comme le reflet d'une épée. Mon pauvre Lamartine! j'aurais parié contre vous pour un sous-officier de l'armée d'Afrique! Contre vous je parierais encore, oui, je parierais pour M. Oudinot!

Un seul nom a retenti assez haut, assez loin, pour se graver dans la mémoire des hommes. Vous interrogeriez l'Europe, le globe entier, vous demanderiez aux deux hémisphères un seul président, que les échos du globe vous renverraient le même nom, toujours le même nom, le seul qui ait pénétré partout. Il y a dix-huit cents ans, le monde eût élu l'ombre de César; au ixe siècle, l'ombre de Charlemagne; au xixe siècle, le monde élirait l'ombre de Napoléon.

Pour un trône, soit; mais pour la présidence temporaire d'une République! Croyez-moi, c'est trop ou trop peu.

— Eh quoi! s'écrie ma vieille moustache; l'héritage du génie ne serait donc qu'un titre d'exclusion!

— Monsieur, laissons au Gymnase son style et sa spécialité. D'abord, je doute fort que le génie ait des héritiers, et je serais curieux de voir les actes de l'état civil qui constatent cette filiation. J'ajoute que, lorsqu'on s'appelle Bonaparte, on peut posséder toutes les qualités d'un bon chef d'empire; mais on a précisément tout ce qu'il faut pour ne pas être président d'une République, dans les conditions faites par notre Constitution.

La présidence est une échelle double. On ne monte d'un côté que pour descendre de l'autre. Moi qui vous parle (et je vous prie de croire que je n'aspire pas même à gouverner mon village), je saurais, au jour fixé, quitter le pouvoir comme on quitte son uniforme en descendant de garde, reprendre ma plume ou ma bêche, loger en garni, dîner à trente-deux sous, prendre un billet de parterre à l'Opéra, et me promener sans escorte comme un simple mortel. Mais pour un Bonaparte né sur les marches d'un trône et possédant quelque mémoire, la présidence n'est plus qu'une échelle simple. Je vois bien une rampe qui monte, je n'en vois pas qui descende. Je vous dis qu'avec ce nom-là on arrive, on s'assied, on reste..., ou l'on tombe; mais on ne descend pas.

Dieu me garde de prêter à Louis Bonaparte des pensées d'usurpation! Je le crois honnête homme. Je me fie à sa parole. Il oublie, j'oublie aussi. Le *meâ culpâ* de Ham n'est pas un billet de la Châtre. Le ton personnel et les réminiscences de l'empire ne sont qu'enfantillages; mais Bonaparte fût-il aussi sage que Richard Cromwell, aussi fatigué du pouvoir que Charles-Quint; voulût-il enfin résigner ses fonctions, qu'il ne le pourrait pas.

Voyez-vous ces aides de camp, ces officiers d'ordonnance, ce train, ce luxe, ces créatures, toute cette poussière dorée que soulève le char de la fortune? Croyez-vous que tout ce monde-là se soucie beaucoup de faire ses paquets le 1er mai 1852? Quand on est Bonaparte et président d'une République, on a des amis, beaucoup d'amis. On en case dans la diplomatie, dans les consulats, dans l'armée, dans la magistrature, dans toutes les administrations, dans tous les emplois. Ecoutez d'avance le beau concert qui se produira dans trois ans : Restez, monseigneur; restez, c'est votre devoir; restez, pour le salut de la France. Et le véritable *ora pro nobis* de ces litanies sera celui-ci : Prince, si vous nous abandonnez, que deviendrons-nous?

La vertu la plus ferme n'y résisterait pas.

Louis Bonaparte ne saurait donc être un président temporaire.

Et, néanmoins, moi, qui repousse jusqu'au principe, je crie :

Vive le Président de la République ! car si. . . .·   . . . . .?

Le suffrage universel a prononcé ; je m'incline.

Je m'incline ; mais je crains deux choses :

Une erreur capitale,

Une illusion funeste.

Je crains que Louis Bonaparte ne se trompe sur le sens de son élection.

Je crains que l'élu du 10 décembre ne s'abuse sur le compte des partis :

« Monsieur, voici un beau jour pour la France et pour vous. Dans le calendrier vulgaire des hommes, ce jour porte la date du 10 dé-cembre 1848. Mais l'âge des peuples se compte autrement. Trente années, pour un peuple, ce n'est que le sommeil d'une nuit. Ce jour, c'est..... le 19 juin 1815.

« Voyez-vous ces villages en fête, ces drapeaux qui flottent, ces bataillons de paysans qui marchent à l'urne au son du tambour, ar-més d'un nom comme d'un fusil ? Savez-vous ce qu'ils portent sous leur blouse et dans leur cœur ; six millions de bulletins ? Non. Six millions de balles contre l'étranger. Six millions de cartouches restées dans les gibernes, hier au soir, au soleil couchant, au crépuscule de Waterloo.

« Ces hommes, ce sont des paysans, fils de la terre. Cette terre, ils l'aiment, elle leur coûte si cher ! Longtemps marâtre, elle devint pour eux une bonne mère, le jour où la Révolution, qui l'affranchit avec eux, la livra à leurs féconds embrassements. Au grand mot de li-berté, que ne sauront jamais définir ni chartes ni lois humaines, les paysans donnèrent son véritable sens, en s'écriant : « Le sol affranchi, le sol rendu au travail, le sol, c'est la liberté ! »

« Epave providentielle qu'apportait le flux de la Révolution, mais qu'un reflux pouvait remporter ! L'Europe féodale et monarchique se liguait contre la Révolution : on ne semait que dans l'orage : à quand la récolte ? Epuisée et trahie, la France allait succomber, lorsque sur-git un de ces hommes rares que la Providence tient en réserve, dans les grandes extrémités, pour le salut des nations. Quelle fut son œu-vre ? D'autres vous la diront en vingt volumes, un paysan vous la résu-merait en quelques mots. Saisissant d'une main sa plume et de l'autre son épée, le grand homme rédigea, signa de son nom, puis offrit à la propriété son code, sa charte, ses institutions, tandis que, le bras tendu vers la frontière, il contenait l'inondation de barbarés suspendue sur la colonie naissante. Telle fut, sous ses deux faces et dans son ensemble, l'épopée de vingt-cinq ans.

« Abrité contre l'invasion, le paysan défricha, cultiva, sema, planta. Viennent maintenant les barbares ! Il est trop tard ! La terre est défrichée, le champ semé, l'arbre planté, et si bien planté, que le souffle de toutes les puissances infernales réunies ne le déracineraient pas. Que Dieu brise maintenant son instrument, qu'importe ? L'œuvre est accomplie, la terre est libre.

« La Révolution avait conquis le sol, l'Empire consolida la conquête et lui donna sa législation. Voilà pourquoi, dans la mémoire du peuple, se confondront toujours ces deux noms : la Révolution et Napoléon.

« Les écrivains petits et grands, démocrates et autres, analystes et critiques, étudiant l'histoire au microscope, vous signaleront, au 18 brumaire, entre la Révolution et l'Empire une profonde démarcation. Eh ! il n'y a chaîne de montagnes dont les pics ne soient séparés par des gorges profondes. Mais le temps marche. A distance la perspective confond les objets. La décoration change, mais le drame se poursuit dans son imposante unité. Napoléon rétablit l'ordre *dans* la République, mais il ne fit pas de l'ordre *contre* la Révolution. Tel sera le jugement de l'histoire.

« Certes, la gloire est une idole bien séduisante pour une nation belliqueuse ; mais pense-t-on que la France eût semé, de gaieté de cœur, trois millions d'hommes sur tous les champs de bataille de l'Europe dans l'unique but de poursuivre le fantôme de la gloire ? Non, non ; le sang prodigué en Allemagne fertilisait les champs de la Beauce ; les victoires achetaient du temps : Marengo nous valut quatre ans ; Austerlitz, le double. Il n'est pas jusqu'à Moscou, avec sa longue série de désastres, qui ne servit à prolonger la période nécessaire à la consolidation de la propriété. Arrivez, maintenant, Cosaques et rois en croupe, nous sommes chez nous, et, tout en maugréant les uns contre les autres, c'est nous qui vous ferons les honneurs de la maison.

« Mais, depuis lors, il a fallu payer en deux fois 2 milliards de rançon ; mais, dans nos sillons, le soc de la charrue se heurte encore à des armures étrangères ; mais le foyer de la patrie a été profané ; mais Waterloo n'est pas vengé ; mais la coalition n'est pas dissoute ; mais tout est remis en question. Alors, dans l'élan d'un sentiment national supérieur à tous les raisonnements de la politique, le paysan se lève et dit : « Ombre de Napoléon, fille de la Révolution, protége-nous ! »

« L'élection du 10 décembre est nationale et révolutionnaire. —

Voilà son sens vrai. Vous ne l'avez pas compris, monsieur ! Tant pis pour la France et pour vous ! »

Entouré, circonvenu par des intrigants qui abritaient sous son nom leurs rancunes contre la Révolution, Louis Bonaparte n'a vu le peuple qu'à travers ce nuage épais de flatteurs, et il n'a pas vu que le peuple, en venant à lui, tenait toujours ses yeux fixés sur le vieux sabre appendu aux murs de la chaumière.

Les intrigants ont dit à Louis Bonaparte : « Votre élection est une protestation contre la République ; » et il l'a cru.

Les intrigants lui ont dit : « La France ne veut que de l'ordre, de l'ordre à grand renfort de police et de baïonnettes, de gendarmes et de menottes, de l'ordre à tout prix ; » et il l'a cru.

Les intrigants lui ont dit : « Votre oncle, au 18 brumaire, a fermé le livre de la Révolution ; » et il l'a cru.

Les intrigants lui ont dit : « Imitez votre oncle : fermez le livre rouvert le 24 février ; puis apposez au bas des traités de Vienne une signature qui y manque ; » et il l'a cru, et il a fermé le livre, et il a signé.

Erreur capitale, due peut-être, je veux le croire, à une bonne pensée et à un bon sentiment... Parce que les ennemis de la République s'é-taient donné beaucoup de peine pour l'élection de Louis Bonaparte, le pauvre homme s'est imaginé leur devoir beaucoup. Erreur capitale, vous dis-je ; il ne leur devait rien. Je dirai plus : grâce à l'appui compromettant des royalistes, Louis Bonaparte a plus perdu d'un côté que gagné de l'autre. Avec eux, il a réuni cinq millions de suffrages et plus. Sans eux, il en compterait six millions et plus.

Qui prône le *prince Louis?* Qui chante un hymne à l'Empire?

C'est ce fils d'émigré, rentré en France en 1802 pour trahir en 1814 ;

C'est ce pair de France qui a fait fusiller le maréchal Ney ;

C'est ce publiciste qui a vidé sur l'ogre de Corse vingt encriers remplis de la boue des rues ;

C'est ce chef de verdets qui a traqué les bonapartistes comme des bêtes fauves ;

C'est M. de Larochejacquelein, qui, au jour dit, vote pour Abd-el-Kader ;

Ce sont les assassins de Brune, de Ramel et des frères Faucher ;

C'est ce Cosaque de la Seine qui a décapité la Colonne ;

C'est ce marquis de Carabas qui, en 1815, coiffait un mannequin d'un petit chapeau et l'affublait d'une redingote grise pour le cribler de balles comme une cible, en compagnie des officiers croates.

Et vous croyez que les paysans n'ont pas remarqué ces lâches palinodies! J'en connais bon nombre qui ont hésité dans leur vote. D'autres, et de vieux soldats, m'ont dit : « Je voterais bien pour le petit; mais, du moment que mon vieil hibou de marquis emboîte le pas, ma foi, je m'en méfie. Il y a quelque chose là-dessous! »

Il n'y avait là-dessous que de la perfidie et de la lâcheté.

Vraiment! il fait beau voir M. de Montalembert et M. de Falloux revendiquer comme leur l'élection du 10 décembre! Les vaincus chantent victoire! Messieurs, vous chantez faux comme des braillards du lutrin; vous rappelez ce diable que Dieu forçait à louer les saints. La journée du 10 décembre est une journée révolutionnaire. L'élection s'est faite sans vous, malgré vous et contre vous.

Mais, à mon tour, je m'aperçois que je crie à l'oreille d'un sourd. De l'erreur à l'illusion il n'y a que la distance des prémisses à une conséquence; et la logique de l'erreur est aussi impitoyable que la logique de la vérité.

En voyant se grouper autour de lui toutes les fractions multicolores du grand parti de l'ordre, Louis Bonaparte a cru que leurs hommages s'adressaient à ses beaux yeux; il a reçu comme siens l'encens et les cantiques. Miracle! les partis abdiquaient en sa faveur! Mais, monsieur, les partis ne s'allient que pour détruire, et non pour édifier. Les partis ne mettent en commun que leurs plus mauvaises passions. Les partis se juxtaposent sans se confondre, s'entr'aident sans s'estimer, servent sans s'attacher. Les partis n'oublient pas, ne meurent pas, ne transigent pas et ne pardonnent jamais. Demandez plutôt au prisonnier de Sainte-Hélène, qui, lui aussi, s'était fié quinze années durant à la bonne foi des partis !

Un jour, c'était le 20 décembre, les trois grands-prêtres de la rue de Poitiers se réunirent à l'Elysée.

Monsieur, dit le premier, l'ordre en France repose sur les baïonnettes. Livrez-moi l'armée, je réponds de l'ordre et de vous. — Accordé.

Monsieur, ajouta le second, la magistrature de Louis-Philippe était une fleur de vertu. Rendez-moi la magistrature de Louis-Philippe, je réponds de l'ordre et de vous. — Accordé.

Monsieur, poursuivit le troisième, le clergé vous est dévoué comme il le fut à votre oncle. Livrez au clergé l'éducation des enfants de la République et, je réponds de tout. — Accordé.

Voilà donc le salut de la Révolution confié aux chefs de l'armée, à la magistrature et au clergé, qui l'exècrent! On n'est pas plus logique. Mais attendez un peu, six mois ne s'écouleront pas avant que Louis

Bonaparte lui-même ne passe pour un *fait révolutionnaire*. Le mot de *stabilité* sera prononcé! Et c'est bien au delà du 10 décembre, au delà du 24 février, au delà du 29 juillet, au delà même de 89 que les meneurs chercheront le principe de leur étrange stabilité.

Et les meneurs seront conséquents avec eux-mêmes. Louis Bonaparte a cessé de l'être le 20 décembre, le jour où il rompait avec la Révolution.

Pressé d'arriver au point d'interrogation que j'ai posé en tête de cet écrit, je passerai rapidement sur les actes d'un gouvernement auquel je me torture en vain pour donner un nom.

Est-ce une République? Mais les républicains sont proscrits cent fois plus que sous la monarchie! Mais pas un employé n'oserait seulement prononcer devant ses chefs le nom de république!

Est-ce le gouvernement constitutionnel proclamé le 12 novembre 1845? Mais le cri de *vive la Constitution* est tenu pour séditieux; mais des chefs de corps sont punis pour l'avoir proféré!

Est-ce l'Empire? Mais nous avons une assemblée souveraine!

Est-ce un gouvernement libéral? Mais les prisons regorgent!

Est-ce une oligarchie? Mais nous vivons sous l'empire du suffrage universel!

Est-ce une démocratie? mais le Peuple souverain ne peut dîner en famille sans l'intervention du sabre et de la police!

Est-ce de l'ordre? Mais jamais on ne vit plus de divergence dans les vues, plus de désordre dans les idées, plus de trouble dans les esprits!

Est-ce de la stabilité? Mais personne n'est sûr du lendemain!

C'est un je ne sais quoi, un pêle-mêle sans nom de ministres qui se battent dans le *Moniteur du matin* et dans le *Moniteur du soir*; de notes communiquées, échangées et de plus en plus ambiguës; un va-et-vient d'ambassadeurs qui se contredisent, de chargés d'affaires qu'on censure, de généraux qu'on rappelle, de lettres présidentielles qui sont authentiques, mais qui ne sont pas officielles; c'est un chef responsable tandis que son ministre l'est aussi, et au même titre; ce sont des cours d'assises qui se jugent les unes les autres; des représentants du peuple élus par cent mille citoyens et jugés par une douzaine d'autres dans le département voisin; des conseils généraux qui s'érigent en petites républiques; des amis de l'ordre qui se prennent aux cheveux; des légitimistes sur la route d'Ems; des orléanistes sur la route de Londres, et tout cela dinant à l'Elysée ; c'est M. Barrot à confesse ; c'est M. Thiers embrassant M. de Falloux et donnant des taloches à M. de Montalembert ; ce sont des lois de finances proposées par un ministre et combattues par ses amis ; c'est un bruit de chaînes et de menottes sur toutes les routes, tandis qu'on impose au pape une amnistie générale ; et au milieu de ce gâchis, une assemblée souveveraine qui chasse aux perdrix, pendant que le Président gouverne non point par ordonnances, mais par officiers d'ordonnances. Vive l'ordre ! M. Caussidière a fait de l'ordre avec du désordre ; mais on semble prendre à tâche de faire tout le contraire, et on y réussit, à dire d'experts.

Heureusement la gloire de nos armes vient nous consoler de nos misères intérieures. Nous avons emporté le bastion n° 8 ! Garibaldi et sa *poignée de brigands* ont été vaincus en deux mois par une armée française de trente mille hommes, et cet immense succès ne nous coûte que douze ou quinze cents morts, quatre mille malades et une vingtaine de millions. Nous avons eu l'éternel honneur d'égorger un peuple ami, tandis que l'Autriche, l'Espagne et Naples, avec qui nous n'avons rien de commun, lui serraient jambes et bras. Dieu aidant, nous parviendrons à rétablir à Rome, au nom de la liberté, le gouvernement de l'inquisition. Si, enfin, M. Louis Bonaparte réussit à faire chasser de la Suisse, son ancien asile, M. Mazzini, son ancien complice de 1831, par ma foi, rien ne manquera plus à sa gloire, et il faudra bien qu'il monte au Capitole en compagnie de M. Oudinot !

Mais tout cela n'est rien auprès de l'influence que nous exerçons en Europe. Si nous avons accompli le programme de l'Assemblée constituante, reconstruit la Pologne, conclu un pacte fraternel avec l'Allemagne et affranchi l'Italie ; si le Piémont se tire d'affaire sans payer une obole ; si Venise et Milan sont libres ; si Radetzki et Gorzkonski n'y fusillent pas, n'y confisquent pas à tort et à travers ; si l'armée prussienne ne chasse pas aux libéraux allemands jusqu'à nos portes ; si la Hongrie aux abois obtient le secours puissant de notre médiation ; si la France parle haut, si elle met dans tous les traités son épée de Brennus en faveur de la civilisation, c'est parce qu'elle a le bonheur d'avoir pour chef un homme de cœur, de tête et de mémoire, nourri des traditions impériales, le même qui écrivait jadis, entr'autres, ces mémorables paroles :

« France ! bientôt viendra le jour où, pour te gouverner, il faudra
« comprendre que ton rôle est de mettre dans tous les traités ton épée
« de Brennus en faveur de la civilisation. »

(Œuvres de Louis Bonaparte, tome 1er, p. 193.)

Voilà un serment bien tenu ! il peut aller rejoindre les éloquentes protestations de M. Odilon Barrot en faveur des insurgés romagnols, les philippiques du *Constitutionnel* contre les jésuites, et les homélies de M. de Montalembert à la liberté !

Ah ! ce n'est pas pour le stérile plaisir d'opposer tel homme politique à lui-même que j'esquisse, en passant, ce tableau de notre décadence. Chercher querelle aux individualités serait puéril et misérable, quand on a des partis à combattre. Les luttes d'idées ne devraient jamais dégénérer en combats de coqs, de plume ou de tribune. Et d'ailleurs, je le dis avec une profonde tristesse, lorsque les chefs de file d'une société ne peuvent dire un mot, faire un pas, sans trébucher dans les fils inextricables de leur passé ; quand le vertige s'empare des têtes les plus hautes, n'est-il pas à craindre que la société tout entière, perdant le peu de foi qui lui reste, ne glisse bientôt à la dérive, sans voiles ni rames, au courant des événements ?

Ce qui m'effraye, je l'ai dit en commençant, ce sont les mystères du lendemain que j'essaye de sonder : préoccupation exagérée sans doute, mais bien excusable chez un citoyen qui aime sa patrie et chez un républicain qui préfère hautement la France à la République. On déplore le discrédit de l'autorité ; les esprits sont rebelles à l'action de la force morale, et, sur les corps, on n'agit qu'à l'aide de lois aiguisées en baïonnettes. C'est un malheur irréparable peut-être ; mais le moyen de rendre à l'autorité son prestige en ne l'abordant qu'après un *confiteor !* Le moyen d'obtenir du crédit en faisant banqueroute à toutes ses obligations ! Le moyen d'inspirer confiance et foi dans sa parole, en se jetant par les ambages et les détours d'une politique tortueuse qui ne dit jamais son dernier mot ! Le moyen d'avoir la majesté du lion avec les allures du serpent ! Le moyen, enfin, d'imprimer au pouvoir un cachet de stabilité, en le jetant chaque jour comme un enjeu sur un tapis vert ! Car c'est à peu près ce que vous faites, messieurs de l'ordre, et j'ajoute que la France elle-même n'a guère été plus sage en plaçant toute sa sécurité sur l'existence d'un homme. Bien fou, certes, qui assurerait sa vie sur la tête d'autrui ! Comment donc, ce qui serait folie chez un individu, peut-il être sagesse chez une nation ?

J'entends vanter partout les hautes qualités du Président, la rectitude de son jugement, la noblesse de son cœur, la fermeté de son caractère, l'énergie de sa volonté, etc., etc. Tant pis mille fois, répondrai-je à ces mille compliments. S'il est si grand que vous dites, il ne laissera qu'un plus grand vide en disparaissant. Je vois un magistrat qui a sa politique à lui, sa volonté à lui, ses théories à lui, qui met la main à tout, se mêle de tout, veut tout faire et peut tout faire. Une assemblée le gêne, il n'en tient compte et passe outre. Il fait la guerre, il fait la paix, il écrit à son cher Ney; il dit je sens, je veux, je ne souffrirai pas ceci, je ne souffrirai pas cela; il voyage, il harangue, il discourt; il distribue des prix en son propre nom, parle de l'empereur et de lui-même, jamais de la République, encore moins de l'Assemblée nationale; son cousin Nicolas n'est pas plus autocrate dans ses proclamations. Tout vient de lui, tout remonte à lui; c'est la clef de voûte de l'édifice politique. Et puis, vient à passer une bouffée de ce maudit vent asiatique, survient un refroidissement, une pleurésie, une de ces fièvres cérébrales que cause l'ardeur du travail, un coup de sang, que sais-je? Et cet homme, qui s'était fait le pivot de l'ordre social, il . . . .

La France est en deuil!

Ce matin, Paris, à son réveil, lit sur tous les murs une affiche signée Boulay (de la Meurthe) et portant en substance :

« Une grande calamité vient de frapper la France. Un noble cœur a « cessé de battre..... J'ai pris les rênes de l'administration. Je main- « tiendrai l'ordre avec vigueur. Restez calmes, confiants, et prépa- « rez-vous à l'élection d'un nouveau président... »

Je ne le sais pas, mais je parie que la confiance tant recommandée disparaîtra subitement.

Je ne le sais pas, mais j'affirme d'avance qu'il se fera peu d'affaires, qu'il se formera peu d'entreprises, qu'il se conclura peu de transactions, qu'il s'escomptera peu de billets, que l'industrie languira, que le commerce enfin restera suspendu jusqu'à la fin de l'interrègne présidentiel.

De deux choses l'une : ou des troubles éclateront sur quelques points du territoire, ou le mois se passera sans encombre. J'examine les deux hypothèses, et tout d'abord la dernière me semble la plus probable. Mais ni l'une ni l'autre ne sont de nature à me rassurer complétement, moi qui n'ai cependant ni dans l'industrie ni dans le commerce de grands intérêts engagés.

Sur quels appuis reposera l'ordre?

De quel point de l'horizon peuvent venir les nuées d'orages?

M. Boulay (de la Meurthe) n'est guère connu en France que par ses vieux discours annuels, prononcés comme aux distributions de prix, en faveur de l'instruction primaire. Confiné dans les régions élevées et paisibles du Conseil d'État, il ne saurait y acquérir l'éclat qui rend un nom populaire et commande le respect. Si l'ordre est maintenu, ce ne sera donc point par la vertu particulière de **M.** Boulay, mais bien par la force qu'il puisera dans la Constitution. Première remarque, qui ne sera pas la dernière. La vanité humaine mérite bien d'autres soufflets !

Le ministère, quel qu'il soit, homogène ou non, se tiendra sur la brèche. Peut-être même tranchera-t-il du matamore. Nous savons nos hommes d'État. Ils ont fait leurs preuves. Ne leur parlez pas de manifestations inoffensives à refouler, de citoyens sans armes à sabrer. Ce ne sont que misères. A don Quichotte le soin de pourfendre les moutons qui combattent sous l'étendard du vaillant Pentapolin : c'est dans les périls suprêmes qu'il faut voir les sauveurs de la société. Comme ils furent admirables de courage, de sang-froid, d'énergie et de résolution ; comme ils étaient beaux à contempler ce jour, où, investis du pouvoir, entourés d'une armée nombreuse et d'une garde nationale dynastique, ayant pour eux un roi, une régence, deux régences, une chambre, deux chambres, une préfecture, douze municipalités, une police, une magistrature, tous les grands corps de l'État enfin, ils laissèrent briser comme verre, entre leurs mains, deux monarchies, en deux heures, par une poignée de républicains ! Catastrophe inouïe dans l'histoire des révolutions ! Le beau certificat de patriotisme qu'a dû signer, en s'en allant, le vieux roi Louis-Philippe, sur le livret de ses ouvriers ! Allons ! maîtres d'école, le verger est envahi par la marmaille, préparez vos plus belles fleurs de rhétorique. Ah ! vous n'en êtes pas à la troisième période que déjà le ravage est complet. Sérieusement j'estime qu'en cas d'émeute, le ministère ne faillirait pas à sa mission. Mais d'où lui viendrait sa force ? De lui-même ! Pas le moins du monde. Le plus solide rempart de l'ordre, ou plutôt le seul, c'est la Constitution.

A l'Assemblée nationale, dans les rangs de cette majorité où la République est en si grand honneur qu'à ce mot seul on frémit de colère, l'occasion de s'en débarrasser paraîtra on ne peut plus favorable. Ils sont là une centaine tout au plus de grands enfants, de vieux enfants, qui ragent et qui boudent, parce que le peuple, qu'ils agaçaient comme un gros éléphant, a marché sur leur joujou. C'est la faction des incorrigibles. Ils se disent braves, très-braves ; mais je ne sais pourquoi je les appelle, moi, le parti des rats. C'est peut-être parce que, le danger passé, tous ces héros de cave et de grenier,

> Mettent le nez à l'air, montrent un peu la tête,
> Puis rentrent dans leurs nids à rats,
> Puis ressortent, font quatre pas,
> Puis enfin se mettent en quête.

Courage donc ! Le peuple n'est pas tout à fait pendu ; mais il dort si bien, qu'on pourrait s'y méprendre. M. Dufougerais propose l'appel au peuple. M. Nettement réclame la convocation des Etats Généraux sur le pied de l'ordonnance de 1356. M. Ségur d'Aguesseau demande pourquoi l'Assemblée législative, qui vaut bien sa sœur aînée, ne se déclarerait pas constituante à son tour. M. Benoît d'Azy va plus loin, c'est un gouvernement provisoire qu'il lui faut, non pas dans le genre de février, mais dans la couleur du comité Fouché et compagnie, qui manœuvra si habilement et si loyalement en 1815. Bref, le cheval de bois vomit son bataillon d'Ulysses et d'Ajax. Ilion va être emporté d'assaut.

Cependant, les fortes têtes ne sont pas de cet avis. Ce n'est pas que quatre cents membres de l'Assemblée , au moins, sur sept cent cinquante, ne maudissent la République de très-bon cœur, ne fût-ce que pour la malhonnêteté de la susdite, d'avoir dérangé cette partie d'échecs parlementaires, qui pendant dix-huit ans, amusa leurs loisirs. Mais les vieilles corneilles de la rue de Poitiers se sont groupées comme les oies dans l'orage. Les augures, qui, pour la première fois, se regardent sans rire, échangent leurs impressions : l'un a sondé les dispositions de la garde nationale, et les chefs ne répondent pas de leurs légions ; tout au plus aboutirait-on à l'échauffourée de la rue Saint-Roch ; l'autre a consulté son conseil général, et n'a rencontré que tiédeur. L'armée ! Mais l'armée, toujours brave et dévouée, ne se soucie pas de se battre sans savoir ni pour qui, ni pour quoi. Certainement la France est monarchique, elle adore ses rois. Ces profonds observateurs n'en doutent pas ; voyez plutôt le coup de balai de Février ! Mais, dans cette France si monarchique, avec une administration monarchique, des magistrats, des généraux, un clergé, une Assemblée monarchiques , il se trouve qu'il n'y a pas moyen de semer la plus petite graine de roi, M. Thiers conclut, au sujet de la Constitution, comme à l'égard des traités de 1815, c'est qu'il faut la *détester*, mais la *maintenir*. L'ordre est à ce prix. Il n'est pas jusqu'à M. Dupin lui-même qui, plus explicite qu'à Clamecy, vu le danger, ne crie plus haut que tout le monde : *Vive la Constitution !* On connaît cette fable de la femme que la peur jette dans les bras d'un mari détesté. La Fontaine avait prédit M. Dupin.

Aux voix les propositions légitimistes ! Sur sept cents votants, cinq cents se prononcent pour le maintien de la Constitution, dont trois cents au moins en la *détestant*.

En dehors des pouvoirs réguliers, ni au-dessus, ni au-dessous, mais à côté, il existe un pouvoir de fait, sans attributions politiques, avec

lequel il faudra toujours compter : ce pouvoir, c'est Paris. Paris, plus
puissant par son agglomération que les départements par leur nombre ; Paris, tour à tour protecteur et destructeur des gouvernements,
ami exigeant, ennemi terrible, appui solide, bélier formidable. On ne
gouverne pas contre et malgré Paris. Mais qui tient Paris, tient la
France. Demandez-le à Henri IV, à Louis XIV, à Louis XVI, aux
Girondins, à Napoléon, à Charles X, à Louis-Philippe, à tous les pouvoirs et à tous les partis, vainqueurs ou vaincus. J'en suis bien fâché
pour MM. des conseils généraux de la province : qu'ils crient, tempêtent, se liguent et se fédéralisent contre le despotisme de la capitale ; qu'ils répètent les menaces d'Isnard et de M. Denjoy ; Paris
n'en continuera pas moins à leur expédier, avec ses journaux, ses
livres, ses drames et ses articles de modes, des révolutions par le télégraphe.

Mais dans Paris il y a deux forces : la garde nationale officielle qui
fait son service, c'est-à-dire cent mille hommes environ, et la population ouvrière, près du double. Unies, elles sont irrésistibles : Juillet
et Février l'ont prouvé. Divisées, la force morale l'emporte, grâce au
concours de l'armée, toujours disposée à se ranger du côté de la garde
nationale. Dans ce cas, la ville et les faubourgs, alliés de la veille,
s'entre-déchirent cruellement ; mais la ville triomphe toujours. La
force publique, morale et matérielle dans son ensemble et dans sa vérité, est un fusil qui a pour canon l'armée et pour crosse la garde nationale de Paris.

Or, quel est, dans la garde nationale de Paris, le sentiment dominant, permanent ? C'est l'instinct de l'ordre. En juillet 1830, l'ordre s'appelait la *Charte* ; en février 1848, la *Réforme* ; le lendemain, la *République* ; six mois après, la *Constitution*. Aux citoyens armés subitement, spontanément, pour la défense de l'ordre, il ne saurait s'offrir,
le cas échéant, qu'un cri de ralliement : *Vive la Constitution !*

Mais, diront mes amis eux-mêmes, la Constitution a été manifestement violée, et trois fois plutôt qu'une, par l'expédition de Rome.
Comment se fait-il donc que, loin de prendre feu pour la légalité, pour
le droit, pour l'ordre véritable, la majeure partie des citoyens se soit
prononcée contre la manifestation du 13 juin ? Comment pouvez-vous
voir, dans cette indifférence, un symptôme rassurant pour l'avenir ?

A cela je réponds :

1° Il y a loin d'un pacte faussé à un pacte lacéré. Un peuple y
souffre et tolère de nombreux accrocs, avant de recourir au terrible remède des révolutions.

2° La République romaine n'était ni assez connue, ni assez populaire, à **Paris**, pour mériter les honneurs d'une insurrection ; sans compter que l'honneur de nos armes s'y trouvant engagé (bien à tort à la vérité), des citoyens français ne pouvaient prendre parti contre nos soldats pour des étrangers.

3° Nous sortions à peine d'une des commotions les plus violentes qui aient ébranlé le monde. Les révolutions, si justes, si légitimes qu'elles soient, ne s'accomplissent pas sans porter de profondes perturbations dans l'économie du corps social. Après de tels déchirements, le besoin du repos domine tous les autres. Il est des moments où la nation la plus jalouse de ses droits les vendrait tous, comme Ésaü, pour un plat de lentilles. Les ennemis de la liberté le savent bien. C'est pendant ces moments de fatigue, de repos, de sommeil inévitable, qu'on passe aux peuples une corde au cou. Mis en demeure de déclarer au pouvoir une guerre qui pouvait aboutir à un second vingt-quatre février, ou de tolérer une infraction qui ne l'atteignait pas dans ses intérêts matériels, le peuple devait adopter ce dernier parti. Mais que le pouvoir cependant ne s'y trompe pas : Ils ont raison, la question n'est pas douteuse, dirait-on dans les rangs de la garde nationale, mais en ce moment le calme avant tout !

Je ne vois donc rien à conclure de ce procédé contre l'autorité souveraine de la Constitution.

Aussi, ne saurait-on trop vous admirer et vous bénir, ô politiques intelligents et citoyens vertueux qui, usant, limant peu à peu le ressort de nos institutions, manquant de respect à la première Assemblée issue du suffrage universel, décimant la seconde, déplaçant peu à peu la base du pouvoir, tendez à le transporter à l'Elysée, dans les mains d'un homme, afin que cet homme l'emporte un jour tout entier dans sa tombe ! Voilà ce qui s'appelle prévoir l'avenir, et bien servir sa patrie ! Je ne suis pas fanatique d'une œuvre contre laquelle j'ai voté ; je ne suis pas suspect non plus d'une affection trop vive pour une Assemblée qui m'a frappé dans la personne de trente-huit amis et collègues ; mais je me reprocherais comme un crime de démolir à l'avance, pierre à pierre, l'édifice destiné, trop tôt peut-être, à nous servir d'arche de salut.

Ici j'aborde la seconde question :

D'où pourraient venir les orages ?

Des légitimistes ou des socialistes ?

Des blancs ou des rouges ?

Des espérances ou des regrets ?

Non. Ni des uns, ni des autres. Quoi qu'il arrive, du reste, la République triomphera.

Fils des croisés, Amadis de Coblentz, paladins de Belgrave-square et d'Ems, où êtes-vous ? Je ne vous vois pas : attendez que je chausse mes lunettes. Au coin d'une vieille cheminée, dans un vieux salon du vieux faubourg, je découvre une, deux, trois, quatre vieilles rouillardes entre autant de vieilles duègnes, vieux débris du vieux monde, débitant gravement des vieilleries sur la légitimité et le vieux droit : c'est l'état-major de la croisade royaliste. Tout a changé autour de ces gens-là depuis soixante ans ; eux seuls ne changent pas. Est-ce que les momies changent ? On les dirait emportés tout endormis au fond d'un bateau par le courant du Rhône, et cherchant tout à coup, au réveil, leurs créneaux, leurs vassaux et leurs chiens à cent lieues du pays. Bonnes gens ! innocente folie qui n'excite que le rire, lorsqu'elle ne dégénère pas en démence furieuse ! Et nous n'en viendrons plus là, n'est-ce pas ? Le temps est brumeux, il pleut des balles ; craignez les rhumes, ne sortez pas, monsieur le marquis, ou prenez votre douillette.

Les légitimistes ne feront plus campagne.

Que sont-ils en France ? Un sur vingt.

Que représentent-ils ?

Le droit ? Le droit, c'est la souveraineté du peuple.

Le patriotisme ? Ils ont vendu deux fois la France à l'étranger.

Le courage ? Ils ont laissé chasser trois fois leurs rois à coups de fourches.

La loyauté ? Après Février, ils se sont glissés dans les clubs, chantant, payant des hurleurs et poussant au désordre pour discréditer la République.

La bonne foi ? Ils ont acclamé la République à l'unanimité.

L'honnêteté ? En 1815, ils ont pillé le Trésor et la France ; lire Vaulabelle et Châteaubriand, d'accord aujourd'hui sur ce point.

La fierté de leurs ancêtres ? A l'approche des élections, M. le vicomte gratte ses armoiries, efface ses *de*, ses titres et se nomme Gros-Jean comme vous et moi. Puis il se fait recommander, certifier, apostiller ses vertus dans de grandes affiches, par le sellier, le carrossier, le marchand de vin, le boucher, l'épicier, le frotteur et le cocher de sa maison. Il endosserait volontiers alors la blouse du manœuvre ou la livrée de son laquais. J'en sais plus d'un qui n'est entré à l'Assemblée que sous cet honorable travestissement. Par ma foi, ses aïeux doivent en être bien fiers !

Pourquoi donc font-ils tant de bruit, et qu'ont-ils pour eux ? La richesse et ses partisans.

Ils sont assez riches pour soudoyer des journaux et des commis voyageurs, des écrivains et des orateurs qui leur en donnent pour leur argent. Ils battent l'eau pour la troubler. La tactique n'est pas neuve. Appius Claudius lançait, dans les troubles de Rome, quatre à cinq mille clients recrutés dans la populace, afin d'exagérer le désordre et de déshonorer la cause du peuple. Combien les royalistes payaient-ils d'agents secrets dans notre grande Révolution? Les excès, sur lesquels on verse encore des larmes hypocrites, n'en ont-ils pas eu leur part? Sans remonter si haut, j'aurais bien voulu que l'enquête de juin se fît en partie double ; on aurait bien trouvé quelques pièces bénites dans la poche des insurgés. Misérables, bien misérables les partis qui n'attendent le bien que de l'excès du mal ! Mes amis ne sont pas au pouvoir, tant s'en faut, mais je les renierais dès aujourd'hui s'ils ne devaient y arriver un jour qu'à travers une mare de sang.

Non, les légitimistes ne feront pas campagne, si ce n'est peut-être quelque nouvelle campagne de Moulins.

J'admets qu'ils arborent honteusement, entre chien et loup, leur haillon blanc à quelque clocher d'Avignon, de Nîmes, de Montpellier, de Toulouse, de Bordeaux ou de la Vendée. Magistrats, laissez faire, les républicains s'en chargent. Je ne leur en donne pas pour vingt-quatre heures.

Comptent-ils sur l'étranger? Espèrent-ils que le Cosaque, restaurateur de l'ordre en Hongrie et en Allemagne, poursuivra sa besogne jusqu'à Paris? je l'ignore, mais ils s'abuseraient étrangement. La France fût-elle même en proie à l'anarchie la plus affreuse, les rois, éclairés par l'expérience, se garderaient d'y intervenir. Ils connaissent ces deux beaux vers du poëte :

> La liberté naîtrait de la poussière
> Qu'emporteraient les pieds de leurs chevaux.

Les légitimistes n'ont rien à offrir à la France pour la séduire ; à toutes leurs promesses, le campagnard inculte, l'ouvrier de bon sens répondrait :

« Vous nous proposez un roi ; c'est ce jeune homme dont vous colportez les médailles et les portraits. On dit que c'est un assez gentil blondin, pas méchant, pas fier, ne manquant jamais à la messe et vivant honnêtement avec sa femme et ses enfants, quand il en aura. Mais le voilà installé aux Tuileries, en quoi sommes-nous plus avancés?

— Il ramènera l'ordre ! — Dans votre parti, c'est possible. Satisfaits, peut-être ne troublerez-vous plus la France de vos intrigues et de vos clameurs. Mais n'y a-t-il que vous en France? les autres partis, plus nombreux de beaucoup, ne seront-ils pas hostiles à votre bon homme? Eh! nous n'aurons qu'une cause d'agitation de plus!

— Il ramènera le crédit? — Par quel secret? Il possède donc des millions et des milliards? Non, mais les bourses se délieront, vos vieux louis d'or reverront la lumière, vous achèterez, vous danserez, vous doublerez vos équipages, vous vous ruinerez même en fêtes, s'il le faut. Je vous comprends, mais prenez garde! Si, pour ramener le travail et extirper la misère, il suffit de votre concours et de votre bonne volonté, pourquoi criez-vous à la misère? Que ne faites-vous dès aujourd'hui; que n'avez-vous fait depuis dix-huit mois pour votre pays, si vous l'aimez, ce que vous feriez demain pour un roi? Ah! il n'est que trop vrai qu'il dépend de vingt-cinq mille familles de tout enrayer chez nous, rien qu'en refusant de l'huile à la lampe, et c'est la plus commode, comme la plus perfide des conspirations. Mais ces gens-là, qu'est-ce autre chose que des hypocrites et de mauvais citoyens?

— Il sera le gage et le symbole de la prospérité publique! — Parlons français. Vous voulez dire que nous lui ferons, comme à son grand-père, un traitement de trente millions, de quoi entretenir des grands-chambellans, des grands-panetiers, des grands-échansons, de grands fainéants, des laquais, des valets, des carrossiers, des chevaux, des chiens et des maîtresses. Mais le gala, qui le payera? Nous autres. Et vous croyez que notre soupe en sera plus grasse!

« Mais ce n'est pas là que gît le lièvre. Votre Bourbon conservera-t-il son drapeau? Rayer une troisième fois de notre histoire ses pages les plus belles, les plus glorieuses! Les pierres de nos monuments s'insurgeraient contre lui!

« Adoptera-t-il le drapeau tricolore? Mais ce serait consacrer la Révolution. Et que devient alors l'intégrité de votre principe?

« Attendez : le Bourbon a des cousins qui ont bien leurs prétentions aussi. Se réconcilieront-ils? leur pardonnera-t-il? Ma foi, ce sera d'un bon fils et d'un bon chrétien! Qu'en dit madame mère?

« Brisons là. Nous connaissons le prix des restaurations. 1815 nous a valu déshonneur et ruine. Sept cents millions aux étrangers, un milliard aux émigrés, un emprunt forcé de cent millions, outre un impôt extraordinaire, non pas de *quarante-cinq centimes*, mais bien de *soixante centimes*, dont on ne dit jamais un mot. Voilà le bon temps, selon vous. C'est le temps de la misère et de la dégradation. Enfin votre fantôme de roi ne peut arriver aux Tuileries que sur un fleuve de sang. Il faut être fou à lier, ou scélérat à pendre, pour le désirer à ce prix. »

Et si telle est, comme je le crois, la pensée générale en France, passons outre, sans plus discuter les dangers d'une résurrection blanche.

Mais les socialistes ? mais les rouges ? mais les éternels ennemis de la société, etc., etc. ? Vous voulez dire les républicains (je ne connais plus un seul républicain qui, dans le style de la *Calomnie*, ne soit rouge, et très-rouge, sans en excepter M. Dufaure). Gens de mauvaise foi, les républicains vous donneront l'exemple de l'ordre. Que la Constitution soit respectée, et les hommes qui se sont levés, le 13 juin, pour défendre la Constitution, ne se démentiront pas le lendemain.

Je ne nie pas que la marche des choses, le refus dédaigneux de toutes les réformes, la haine de la République, les fureurs de la réaction, une série enfin de persécutions inouïes n'exaspèrent de plus en plus les populations. Je sais, en effet, tels et tels départements où l'irritation, très-légitime d'ailleurs, est parvenue à son plus haut degré. Survienne l'événement que je redoute, une étincelle suffira pour mettre le feu aux poudres. Malheur alors aux imprudents qui auront attisé de leurs insultes ce foyer de vengeances ! Trois fois malheur aux calomniateurs à gages qui, absous par la magnanimité du peuple après Février, ne pardonnent pas au peuple ce pardon ! Oui, la France se tiendra sur le qui vive ; le moment sera solennel, effrayant peut-être ; mais, je le répète, il suffira au pouvoir d'écarter avec soin tout soupçon d'hostilité à la République, pour contenir les justes ressentiments et prévenir l'explosion.

Les socialistes ont commis des fautes, mais l'avenir leur appartient. Ils le savent, ils sauront l'attendre. On poursuivra leurs écrivains, on fera brûler leurs livres par la main du bourreau, on jettera les impatients dans les cachots ; qu'importe ? Les événements se chargeront de l'éducation des peuples. Trois années d'une Législative réactionnaire vaudront, pour les socialistes, vingt années de propagande. Ils attendront.

Les prévisions sinistres s'évanouissant une à une sous le calcul de probabilités auquel je me livre, vais-je donc mentir à mon titre ? Nullement.

Je puis bien affirmer que la société, subitement ébranlée, reviendra de sa stupeur et se rasseoira sur la base de la Constitution. Je puis espérer que les partis extrêmes, bien que pesant de toute la longueur du levier, ne soulèveront pas la pierre angulaire de l'édifice. D'ailleurs, ils se font contre-poids : M. Proudhon et M. Nettement s'annulent l'un par l'autre. Une polémique ardente, des clameurs étourdissantes, des flots d'encre un peu sales, une émotion mêlée de cette anxiété involontaire qui précède les jours de grande bataille ; voilà tout ce qu'on peut prévoir pour le cas d'un interrègne présidentiel. Nous avons traversé des temps bien autrement orageux !

Mais le mois s'écoule. Que va-t-il sortir de la boîte de Pandore électorale ?

Un second Bonaparte ? Mais la Constitution leur interdit de se succéder les uns aux autres !

Un Orléans ? Mais le sol de la France leur est interdit !

M. Cavaignac ? Mais le soi-disant parti de l'ordre, après l'avoir exalté pour le perdre, l'a traîné aux gémonies.

M. Changarnier ? Mais, en politique, c'est une de ces grandes utilités de théâtre vulgairement connues sous le nom de bouche-trou.

M. Thiers ? Mais deux royalistes sur trois l'exècrent, et je m'abstiens de qualifier le sentiment qu'il inspire aux républicains !

M. Odilon Barrot ? Mais c'est l'ombre de M. Thiers !

M. Ledru-Rollin ? mais il est proscrit !

M. Raspail ? Mais il est en prison !

M. Lamartine ? Mais il n'est plus.

Je vois un carrefour ouvert à cinq ou six rues, et chaque rue est un impasse !

Ici commence donc l'embarras. Je me demande d'abord ce que va faire la coalition royaliste. Je ne parle pas de principes, bien entendu. Où il n'y a rien, le raisonnement perd ses droits.

L'année dernière, la coalition s'est estimée très-heureuse de rencontrer sous sa main un être, *sui generis*, citoyen dans la rue, monseigneur au salon, désigné jadis au trône par un sénatus-consulte, et prétendant avoué plus tard. Avec Louis Bonaparte on sauvait les apparences. Sans rompre ouvertement avec la République, on faisait du fauteuil la première marche d'un trône. Les légitimistes eux-mêmes apaisaient le cri de leur conscience, en se disant qu'après tout ils ne faisaient que consacrer, par voie indirecte, le principe monarchique en attendant mieux. Là fut le nœud secret de la coalition. Mais, hélas ! il faut se prononcer aujourd'hui : la casuistique est en défaut, l'alliance se dissout.

Couver un autre œuf impérial ! L'avis en sera émis, tenez-le pour certain. Une petite difficulté se présente : la Constitution interdit la succession du pouvoir dans une même famille. Mais on arguera de l'ambiguïté des termes de l'article 45. Interpréter, tourner, fausser un texte, c'est pure niaiserie, et, comme dit le Normand, du moment qu'on dispute, la vache est nôtre.

Un Bonaparte? Il en foisonne : Lequel?

J'en connais un qui ne manque pas d'ambition. Je dis cela sans entendre faire tort aux autres. Par malheur il n'a pas trente ans. Et puis il s'est jeté dans l'opposition ; il a quitté brusquement une ambassade ; enfin, il s'est prononcé hautement contre les ministres qui transforment nos soldats *en soldats du pape et en alliés des Autrichiens*. Tâchez de vous entendre après toutes ces belles équipées !

J'en sais un autre qui passe la trentaine, bien qu'on ait pu naguère en douter ; mais il a eu le malheur de figurer en correctionnelle dans une triste affaire que je n'ai point à juger ici, et la 7ᵉ chambre n'est certainement pas le chemin qui mène à l'Elysée.

M. Murat? grand sabre, panache éclatant, charges à fond de train… Qui cela? ce gros Murat? Eh non, je parle du père, dont la vie militaire se termina si glorieusement en 1814. La France est une bonne fille qui pardonne bien des peccadilles ; mais, si jamais la France se fait représenter par le fils de son *allié* de 1814, j'adopte pour *Credo*, sur les choses incroyables, la célèbre stance de Scarron.

J'en passe et des meilleurs. Mais que je suis bon de me creuser la tête ! Consultons la loi monarchique, la vôtre, messieurs. Prenez-moi, en ce cas, M. le prince de Canino, fils aîné de Lucien Bonaparte, qui, lui-même, était le frère puîné de l'empereur. Si veut la loi. Ah ! diable ! nous tombons sur l'ancien président de l'assemblée républicaine de Rome. Il y a entre nous des boulets, du sang, un pape et des cardinaux. Mais pourquoi aussi tous ces Bonaparte ont-ils une si étrange politique de famille?

Gâchis !

Et tout ceci n'est pas jeu d'esprit. Je cherche en vain une ficelle assez forte pour relier le faisceau rompu de la coalition. Le parti légitimiste n'a de choix qu'entre ces deux rôles :

Ou dire à la France, à tous risques : Prenez mon ours. — Guerre civile.

Ou prolonger l'imbroglio sous le nom d'un Bonaparte quelconque. — Gâchis !

S'abstenir? Mais c'est abdiquer.

Descendre plus bas (car, selon eux, ce serait descendre), voter pour MM. Thiers, Molé, Barrot ou Changarnier ; mais ce serait l'avilissement, et les partis avilis ne se relèvent plus.

Je ne m'amuserai pas à discuter les titres respectifs des coryphées de la rue de Poitiers. Que m'importe un choix entre M. Thiers, M. Barrot, M. Molé et M. Changarnier? Et pourquoi pas M. de Falloux? Et pourquoi pas M. Berryer, M. Fould, M. Denjoy, M. Heckeren, M. Battur, oui, Battur, candidat du *Charivari*, et tout aussi sérieux que les concurrents ci-dessus? Ici apparaîtra, dans tout son jour, le mensonge substitué sciemment par les alliés au caractère véritable de l'élection du 10 décembre. Le nom éclatant, le nom éminemment national qui rallia la France, venant à disparaître, il ne vous restera que poussière, messieurs de l'ordre! Les rivalités apparaissent, les intrigues se nouent, les cabales se croisent; chacun donne charitablement du pied dans les jambes de son concurrent; le temps se passe; on a dix candidats, c'est-à-dire pas un seul. Eh! croyez-moi, tirez-les au sort dans un chapeau : excellent argument en faveur du principe de la présidence !

Dans le camp républicain, on n'est guère plus sage. Ici encore on dispute sur les nuances avant d'assurer le triomphe de la couleur. Trois candidats se sont disputé au 10 décembre les suffrages des républicains assez intelligents pour deviner le piége caché sous le nom de Bonaparte. Trois candidats au moins reparaîtront demain sur les affiches. Maintenant, récapitulez et comptez !

Deux millions de suffrages suffisent à la vérité pour être élu directement par le peuple. J'admets que le chiffre soit atteint. De quelle autorité, de quel prestige va jouir en France un président élu par le quart de la France ? Et si c'est M. Cavaignac, quel accueil recevrat-il de l'Assemblée ? Et si, par hasard, c'était M. Ledru-Rollin ou M. Raspail ? Un captif, un proscrit élu président ! Quel scandale ! vous n'y pensez pas ! J'y pense, moi, très-sérieusement. Ils ont pour chances vos fautes, pour complices vous-mêmes. Reprenez les traditions de la monarchie, restaurez des papes, rompez avec les peuples, conservez des impôts odieux, ne réduisez pas les dépenses, persécutez, proscrivez, sabrez, coffrez, poussez enfin la France dans les voies du désespoir, et je vous promets pour président Barbès ou Raspail.

On me répondra que je me donne large carrière dans le champ des hypothèses. Mais, dans l'état où se trouve la France, républicaine sur un point, royaliste sur un autre, socialiste un peu partout; lorsqu'il n'a fallu rien moins qu'un souvenir resplendissant de gloire pour réunir la majorité au 10 décembre, je voudrais bien que le plus fin de mes adversaires m'indiquât laquelle de nos quinze ou vingt célébrités de second ordre, de robe, de plume, de parole ou d'épée, sortirait triomphante de l'urne aujourd'hui. Et, comme l'incertitude ne peut aller qu'en croissant; et, comme le dénigrement de tout homme et de toute chose est de mode ; et, comme personne, personne absolument ne s'offre avec assez d'autorité pour recueillir la succession éventuelle de la présidence, comme enfin ce doute, qui déjà plane, sans qu'on ose se le dire, sur toutes les transactions, est incompatible avec la prospérité publique, vous voyez que j'ai mille raisons pour une de dire : *Vive le Président de la République, car si*. . . . . .

Je n'ai soulevé qu'un coin du voile de l'avenir. Je n'ai pas assombri le tableau. J'ai, tout au contraire, passé légèrement la plume sur bien des choses. J'ai parlé des hommes sans aigreur, des opinions sans lâche complaisance. La pensée qui m'a inspiré ces pages peut être revendiquée par tous les partis. Mon vœu est tout simplement le vœu d'un bon citoyen, qu'affligent et qu'effrayent tous les déchirements de la patrie. Mais j'ai mon opinion aussi, et, pour conclure, je vais l'exposer en quelques mots, sans changer grand'chose à ma formule :

Vive le Président de la République ! Afin que. . . . .

Afin que l'épreuve du système de la présidence soit complète, et que la France, éclairée, en finisse avec cet arrière-faix de la monarchie.

Afin que, dans une République une et indivisible, la souveraineté du peuple devienne ce qu'elle doit être logiquement, théoriquement et pratiquement, une et indivisible.

Afin qu'au règne des noms succède le règne des idées.

Afin qu'on ne bataille plus pour ou contre des individualités, mais pour ou contre des principes.

Afin qu'il soit prouvé, et surabondamment prouvé que, en ne s'appuyant que sur les hommes du passé, Louis Bonaparte ne peut que restaurer un passé condamné par deux révolutions.

Afin que les illusions du peuple s'évanouissent, et qu'il s'aperçoive qu'en décembre il n'a fait que substituer un homme à un homme, sans modifier les conditions économiques de son existence.

Afin que le suffrage universel s'éclaire ; que les batailles impies de coin de rue deviennent impossibles, et que les réformes sociales naissent de l'urne paisible du scrutin, au lieu de surgir, toujours douteuses et toujours compromises, du pavé des barricades.

Afin que le temps épure les doctrines socialistes, et que, malgré sophismes, mensonges, insultes, outrages et calomnies systématiques, ce qu'il y a de vrai dans ces doctrines s'infuse dans l'âme du peuple, pour éclore sans orages et sans secousses dans les Assemblées qui nous succéderont.

Afin que les novateurs comprennent bien qu'une société lancée dans sa voie, comme une locomotive sur ses rails, ne saurait changer brusquement de direction sans se briser ; que la courbure doit être longue, le progrès lent, et qne souvent un demi-siècle ne suffit pas à la réalisation des idées conçues en un jour.

Afin que mes jeunes amis, l'espoir de la jeune République, complètent leurs études par un travail opiniâtre, se plient aux traditions parlementaires et s'exercent au maniement des affaires ; afin que, à un jour donné, la France trouve chez eux ministres, financiers, magistrats, généraux, etc., tout ce qui constitue enfin le personnel d'une grande administration.

Afin que le travail et la propriété, deux frères ennemis, se réconcilient dans un baiser fraternel, et qu'on puisse dire quelque jour, dans cinq, dans dix, dans vingt ans, peu importe, sans craindre les sbires de la police :

Vive la République démocratique avec toutes ses conséquenses sociales.

P. LEFRANC,
Représentant des Pyrénées-Orientales·

Paris. — Imp. Schneider, rue d'Erfurth, 1.

www.ingramcontent.com/pod-product-compliance
Lightning Source LLC
Chambersburg PA
CBHW071413030726
47594CB00006B/2437